Un día en la vida de un

VAQUERO

Diana Herweck

Asesor

Timothy Rasinski, Ph.D.
Kent State University

Curt Brummet
Cowboy

Créditos

Dona Herweck Rice, *Gerente de redacción*

Lee Aucoin, *Directora creativa*

Robin Erickson, *Diseñadora*

Conni Medina, M.A.Ed., *Directora editorial*

Stephanie Reid, *Editora de fotos*

Rachelle Cracchiolo, M.S.Ed., *Editora comercial*

Basado en los escritos de *TIME For Kids*.

TIME For Kids y el logotipo de *TIME For Kids* son marcas registradas de TIME Inc. Usado bajo licencia.

Teacher Created Materials

5301 Oceanus Drive
Huntington Beach, CA 92649-1030
http://www.tcmpub.com

ISBN 978-1-4333-4464-0

© 2012 Teacher Created Materials, Inc.
Made in China
YiCai.032019.CA201901471

Tabla de contenido

La mañana del vaquero

"¡Ajúa!" gritan los vaqueros cuando salen galopando para juntar el ganado. Es muy temprano por la mañana, y su día de trabajo ya ha comenzado. Hay mucho por hacer.

Los caballos siempre han sido parte importante de la vida y del trabajo de los vaqueros.

LOS PRIMEROS VAQUEROS

Cuando la gente comenzó a tener grandes rebaños de ganado, es decir, de vacas y toros, necesitaron una manera de mantener juntos a los animales. Ya desde el siglo XVI habían vaqueros en México. Fueron los primeros vaqueros. Arreaban vacas y toros. Realizaban la mayor parte de su trabajo montados a caballo.

Algunos vaqueros trabajan desde que amanece hasta que se pone el sol. Antes de que amanezca, los vaqueros comienzan por vestirse con la ropa apropiada, como **chaparreras**, botas, espuelas, **pañuelo** y sombrero. Las chaparreras y las botas protegen las piernas y los tobillos al montar entre los cactus y arbustos. Las espuelas parecen peligrosas, pero no se usan para dañar al caballo.

sombrero

pañuelo

chaparreras

CUERO

Las botas y las chaparreras de los vaqueros están hechas de cuero para que no se rompan cuando los vaqueros pasan por espinas. Las botas tienen tacones gruesos e inclinados para evitar que los pies resbalen de los estribos.

Las espuelas, colocadas en las botas del vaquero, se usan para dar suaves golpes en las costillas del caballo y animarlo a que se mueva. Los pañuelos y los sombreros protegen el rostro y el cuello del vaquero contra el viento, la lluvia y el sol. Los pañuelos también pueden usarse para limpiar objetos, para lavarse o para tapar los ojos de un caballo asustado.

espuela
▼

HERRAMIENTA FAVORITA

Un **lazo** es una larga cuerda usada para enlazar caballos u otros ganados.

Una vez vestidos para el día, los vaqueros disfrutan de un abundante desayuno antes de salir a trabajar. Necesitan mucha energía para reunir el ganado.

▲ El trabajo de un vaquero es pesado, por lo que es importante comenzar el día con un buen desayuno.

vaqueros usando lazos ➤

▼ mirando el ganado

COWBOYS Y BUCKAROOS

Los vaqueros en regiones diferentes son llamados por nombres diferentes. Surgió el término **buckaroos** para diferenciar a los vaqueros del sudoeste y los vaqueros del noroeste. En Australia se llaman boyeros o *jackaroos* (*jillaroos* para las mujeres). En la década de 1860 comenzó a utilizarse el término **cowboy**. Hoy en día se habla de vaqueros y vaqueras, ya que tantos hombres como mujeres realizan el trabajo.

Vaqueros en las praderas

Después de desayunar, los vaqueros emprenden su camino a las **praderas** para arrear el ganado. Deben reunir a los animales que se han alejado del rancho. Durante el rodeo o reunión del ganado, un equipo se extiende por las praderas y junta el ganado. Esto se conoce como **arreo**.

Durante el arreo, los **jinetes de punta** dirigen al rebaño. Los **jinetes laterales** van a la mitad del rebaño y los **jinetes de cola** van detrás del rebaño.

ALAMBRE DE PÚAS

El ganado tiende a deambular si no está cercado. Hace años, las cercas costaban mucho dinero y no tenían la resistencia suficiente para contener al ganado. Los vaqueros tenían que cubrir cientos de millas para reunir las vacas del rancho. Cuando se inventó el alambre de púas en 1874, pudieron cercar sus terrenos de manera barata. Así, los vaqueros tenían que cubrir menos millas.

LOS TIEMPOS MODERNOS

Hace tiempo, el arreo de ganado tardaba meses, ya que era necesario trasladar a los animales grandes distancias para venderlos. Ahora se utilizan grandes camiones para transportar el ganado largas distancias. También pueden utilizarse helicópteros para buscar ganado que haya deambulado lejos. No obstante, en los ranchos se siguen realizando arreos de ganados, y muchos vaqueros aún hacen su trabajo a caballo como se hacía hace mucho tiempo.

Todos los vaqueros trabajan juntos para que el ganado no deje de avanzar, incluso las vacas lentas o heridas.

Cuando juntan el ganado, los vaqueros atan los terneros para marcarlos y darles atención médica. Pueden necesitarse dos o tres vaqueros para marcar a un ternero.

Mientras uno de los vaqueros sujeta el ternero por los cuernos, otro le ata las patas y lo derriba. Entonces, uno o dos vaqueros marcan al ternero con un **hierro**, le colocan una **etiqueta de oreja** y lo **vacunan**.

etiquetas de oreja ➤
en el ganado

CUIDADO MÉDICO

Las inyecciones inmunizan a los terneros contra las enfermedades. Las personas pueden recibir inmunizaciones también. Algunas etiquetas de oreja tienen medicamento para proteger al ganado de los insectos.

ejemplos de marcas ➤

Los vaqueros deben trabajar en equipo para marcar al ganado.

MARCADO

Cada rancho tiene un hierro que deja una cicatriz en el ganado. Esa cicatriz, o **marca,** se hace para identificar al dueño del ganado. La marca se hace con un hierro candente. Las personas han marcado a sus animales desde hace miles de años. Hay una tumba egipcia del año 2,000 a. C. que muestra una escena de marcación.

Los vaqueros también **descuernan** los terneros. Utilizan un **raspador** que corta los cuernos hasta dejar muñones. El descornado protege al ganado al evitar que los animales se lastimen unos a otros durante los viajes. También evita que los vaqueros sufran cornadas.

Al mediodía, los vaqueros hacen una pausa para almorzar. Un cocinero prepara el **carro cocina** para elaborar los alimentos. Prepara un almuerzo rápido para que los vaqueros puedan regresar al trabajo. Aún queda mucho que hacer.

¿LO SABÍAS?

En Texas se encuentra el *National Cowgirl Museum*. En el museo se honra a las mujeres que demuestran valentía e independecia. Los visitantes pueden asistir a la Universidad de vaqueras y aprender destrezas de lazar y montar, incluso destrezas del rancho.

EL ALIMENTO EN LAS PRADERAS

El cocinero lleva mucha comida cuando los vaqueros están en las praderas. Los alimentos más usuales son carne de res, frijoles, tocino, pan, leche enlatada y café.

Después de trabajar arduamente toda la mañana, es seguro que los vaqueros tendrán mucha hambre. ▼

Los vaqueros pasan el resto de la tarde haciendo lo mismo que en la mañana: arrear el ganado y cuidarlo.

Mientras trabajan, los vaqueros tienen cuidado de no **espantar** al ganado. Si se asustan, comienzan a correr y se dispersan. Esto se conoce como **estampida**. Pueden necesitarse varias horas para reunir al ganado, tranquilizarlo y reanudar la marcha.

Cuando los vaqueros se detienen para pasar la noche, deben encargarse de sus caballos. Los caballos también han trabajado duro todo el día. Los vaqueros quitan las sillas de montar, alimentan a los caballos y los dejan libres en la pradera para que descansen.

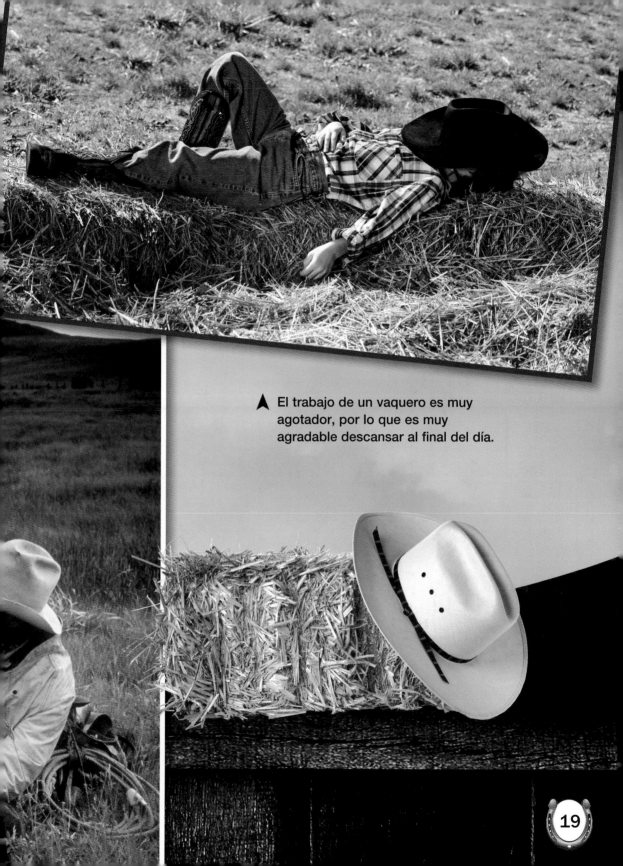

▲ El trabajo de un vaquero es muy agotador, por lo que es muy agradable descansar al final del día.

Los vaqueros preparan una fogata, comen y cuentan historias. Juegan naipes, cantan y duermen. Necesitan estar frescos para levantarse muy temprano, en ocasiones a las tres de la madrugada. Con frecuencia, ¡los vaqueros se levantan antes del sol!

EL DÍA DE UN VAQUERO

El día de trabajo típico de un vaquero puede ser como este:

3:00 A.M.	Se levanta, se viste, atiende a los caballos y desayuna.
4:00 A.M.	Ensilla al caballo y cabalga las praderas para trabajar con el ganado.
5:00 A.M.	Reúne el ganado y atiende a los terneros.
11:00 A.M.	Hace una pausa para almorzar en el carro cocina.
12:00 P.M.	Regresa a arrear el ganado.
5:00 P.M.	Atiende a los caballos y se prepara para la noche.
6:00 P.M.	Come en el carro cocina.
6:30 P.M.	Descansa con los otros vaqueros, juega naipes y cuenta historias.
8:00 P.M.	A dormir. Mañana comienza muy temprano.

Muchos de los vaqueros modernos siguen las viejas tradiciones vaqueras. Una de ellas es sentarse alrededor del fuego por la noche. Incluso duermen al aire libre, bajo las estrellas. ▼

CANCIONES EN LAS PRADERAS

Muchas canciones estadounidenses están basadas en la vida del vaquero. ¿Conoces "Home on the Range," "Red River Valley" o "The Old Chisolm Trail"? Estas son canciones que los vaqueros cantaban hace muchos años.

Vaqueros en los ranchos

Algunos vaqueros trabajan en los ranchos y conducen camionetas en lugar de montar a caballo. Se les conoce como vaqueros de rancho. Cuidan el rancho y revisan los pastos y la condición del suelo.

En ocasiones, los vaqueros de rancho deben construir o reparar cercas. También necesitan mantener los **molinos de viento**. Los molinos sirven para bombear agua del suelo. De esta manera hay agua para el ganado, los caballos y la vida silvestre. El ganado, los caballos y la vida silvestre necesitan agua para sobrevivir.

Estos vaqueros de rancho construyen una nueva cerca. ▼

¡BUEN TRABAJO!

Los vaqueros de rancho deben asegurarse de que la tierra esté sana para que el ganado tenga suficiente comida.

Vaqueros de los rodeos

El **rodeo** es uno de los deportes más populares en los Estados Unidos, donde se celebran más de 500 cada año.

¿Cuál es la diferencia entre la vida de un vaquero de rodeo y la vida de un vaquero de rancho? En un principio, los vaqueros competían entre ellos para ver quién era más hábil para arrear el ganado. En la actualidad son los vaqueros de rodeo quienes compiten. Los juegos de los primeros vaqueros fueron evolucionando hasta llegar a los rodeos que conocemos en la actualidad.

Los vaqueros de rodeo practican todos los días. Deben ensayar la mangana de terneros, el jineteo a pelo, el jineteo de toros y las carreras de barriles. En estas competencias participan tanto vaqueros como vaqueras. Las vaqueras también tienen una competencia de reina del rodeo.

BUENOS DEPORTISTAS

Los vaqueros de rodeo tienen las mismas habilidades del vaquero de rancho, pero además son actores.

Al igual que los vaqueros de rancho, los vaqueros de rodeo deben estar listos para trabajar en el sol y en la lluvia. Compiten sin importar el clima.

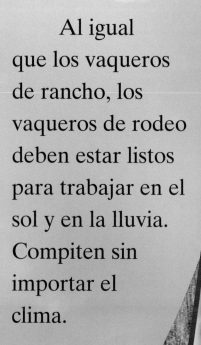

RANCHO Y RODEO

Antes se llamaba rodeo a la acción de arrear y reunir al ganado. Hoy en día, un rodeo es un espectáculo y una competencia. Los vaqueros demuestran sus habilidades y compiten entre ellos para mostrar lo que pueden hacer. Las habilidades de la competencia son las mismas que los vaqueros de rancho utilizan.

Son muchas las tareas de un vaquero. ¿Crees que podrías hacerlas?

Glosario

arreo—reunir el ganado y llevarlo al rancho

buckaroo—término utilizado hace muchos años en los Estados Unidos para designar a un vaquero

carro cocina—cocina móvil que puede seguir a los vaqueros por las praderas

chaparreras—prendas de cuero que se colocan sobre los pantalones para proteger las piernas y los pantalones del vaquero

cowboy—término en inglés para el vaquero

descornar—quitar los cuernos del ganado

espantar—molestar de repente, sorprender o asustar

estampida—un movimiento o huida desesperada de animales asustados

etiqueta de oreja—placa sujetada a la oreja del animal para identificarlo o para administrarle medicamentos especiales que lo protegen de los insectos

hierro—herramienta usada para marcar a los ganados para identificarlos

jinete de cola—vaquero que va detrás del rebaño durante el arreo del ganado

jinete de punta—vaquero que va a la cabeza del rebaño durante el arreo del ganado

jinete lateral—vaquero que trabaja en la parte central de un rebaño durante el arreo del ganado

lazo—cuerda larga y ligera, con un nudo corredizo en el extremo para formar un círculo que puede abrirse o cerrarse

marca—cicatriz especial con la que se marca el ganado usando un hierro candente

molino de viento—una bomba de agua que usa el viento para sacar agua del suelo

pañuelo—tipo de pañoleta que se lleva en forma holgada alrededor del cuello hasta que se necesita para cubrir la boca y la nariz cuando hay mucho polvo

pradera—extensión grande y abierta de pastizales donde el ganado se mueve libremente

raspador—herramienta que se emplea para descornar becerros

rodeo—reunir al ganado; también una exhibición pública de competencia en la que se lucen las habilidades de los vaqueros

vacunar—administrar una inyección para impedir enfermedades

Índice